Peces

Un libro de comparaciones y contrastes
por Marie Fargo

Dos o más de la misma especie son pescados.

Dos o más de diferentes especies son peces.

carpa dorada

Existen peces de todos los colores, tamaños y formas, pero todos tienen ciertas cosas en común. . .

tiburón blanco

Los peces son vertebrados. Tienen espinas dorsales, o columnas, al igual que los humanos.

La espina conecta la cabeza de un pez con su cola. En estas imágenes podemos ver espinas de peces.

Muchos peces tienen esqueletos de huesos. Algunos, como los tiburones y las rayas, tienen esqueletos de cartílago. Tú tienes una espina dorsal de huesos, pero tus orejas y la punta de tu nariz son de cartílago.

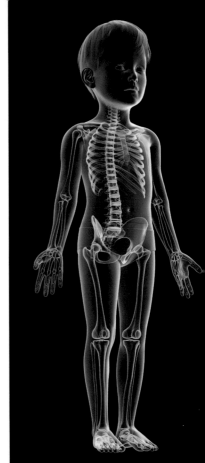

esqueleto

rayos X de un pez

pez cristal de la India

Los peces tienen la sangre fría (ectotérmicos). La temperatura corporal de un pez depende de la temperatura del agua que le rodea. Se mueven lento cuando el agua es fría y se pueden mover muchísimo más rápido cuando el agua es más cálida.

lucio europeo

carpa roja

píntano, pez mariposa del Pacífico de dos manchas, y pastinacas

salmón rojo

huevos de trucha

huevos de pez payaso

La mayoría de los peces ponen huevos suaves, parecidos a la gelatina.

El salmón rojo pone huevos en cauces de ríos. Sus crías viven por su cuenta una vez que nacen.

El terror verde protege sus huevos y cuidan a sus crías después de que nacen.

terror verde

Algunos peces, como este pez cabeza de toro, tienen piel viscosa y no tienen escamas.

La mayoría de los peces tienen escamas húmedas. Las escamas funcionan como una armadura para proteger el cuerpo de esta carpa común.

pez cabeza de toro

carpa común

escamas de atún

escamas de pez
de agua dulce

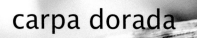

carpa dorada

tiburón gris de arrecife

lucio europeo

Los peces viven en el agua. Tienen adaptaciones especiales en sus cuerpos que les ayudan a sobrevivir bajo el agua.

Tienen aletas y colas que les ayudan a nadar.

Muchos peces usan las branquias para respirar bajo el agua.

pez luchador de Siam

mantarraya

mero

Los peces tienen diferentes formas de cuerpos dependiendo de lo que comen y de su hábitat.

tiburón ballena y peces cerca de un arrecife de coral

carpa en pozo de agua dulce

salmón rojo
saltando
sobre una
cascada

caballa española en
un bosque de algas

Los peces con forma de torpedo son nadadores rápidos. Son depredadores y comen otros peces.

trucha arcoíris

lucio de los Grandes Lagos

atún cimarrón

barracuda

pez cirujano amarillo

Los peces con forma de sartén son animales de presa. Se esconden de los depredadores en plantas, rocas o corales. Pueden nadar juntos en bancos para mayor protección.

pez murciélago

pez sol

pez disco

Los peces planos comen alimentos en el fondo de lagos, ríos u océanos. Algunos tienen barbos, que lucen como bigotes, que les ayudan a saborear sus alrededores en aguas oscuras o pantanosas en donde no pueden ver.

esturión ruso

bagre

raya
tecolote

anguila

Algunas veces los peces tienen formas de cuerpos inusuales que les ayudan a sobrevivir en su hábitat.

Las anguilas son largas y flacas para poder esconderse en cavernas o huecos pequeños de rocas.

Los caballitos de mar tienen una cola rizada para sostenerse de plantas y una boca en forma de pajilla para comer plancton diminuto.

caballitos de mar

Los peces con todos tipos de formas pueden usar el camuflaje para mezclarse con el montón. Hay muchos tipos de camuflaje.

lenguado

tiburón alfombra
teselado

caballito de
mar pigmeo

dragón de
mar foliado

perca de río

trucha marrón

Al igual que los animales terrestres, algunos peces tienen manchas o rayas para dificultar que puedan ver la forma de sus cuerpos. Pueden esconderse en plantas o en luces y sombras. Tanto depredadores como sus presas pueden usar manchas o rayas.

trucha marrón

tiburón cebra

pez piedra

perca sol

tiburón tigre

Otros peces son oscuros en su parte alta y claros en la parte baja, lo que se conoce como contrasombreado. Sus espaldas oscuras se mezclan con las aguas oscuras del fondo cuando se les mira desde arriba. Sus panzas blancas les ayudan a mezclarse con la luz de la superficie cuando se les mira desde abajo.

tiburón blanco

esturión estrellado

marlín rayado

salmón

tiburón ballena

Los peces tienen diferentes formas y tamaños. Tienen colores diferentes. Pero todos los peces tienen adaptaciones especiales que les ayudan a sobrevivir en sus hábitats.

marlín cazando sardinas

Para las mentes creativas

¿Puedes encontrar el pez?

Muchos animales, incluyendo los peces, usan camuflaje para esconderse de los depredadores o para capturar presas. Encuentra al pez oculto y aprende sobre el tipo de camuflaje que utiliza.

Camuflaje de coloración: Un animal es del mismo color que sus alrededores o hábitat.

¿Puedes encontrar el lenguado?

Coloración disruptiva: Un animal tiene puntos o rayas para hacer que sea más difícil ver el perfil completo de su cuerpo.

¿Puedes ver al pez navaja escondido entre los corales?

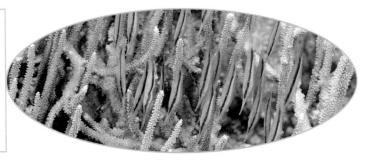

Disfraz: La forma o textura del cuerpo de un animal luce como el entorno o hábitat; por ejemplo, una cola puede tener la forma de la hoja de una planta.

¿Puedes ver al pez escorpión manchado del Pacífico?

Mimetismo: Un animal indefenso trata de verse como un animal más peligroso, o un depredador simula que es una presa.

¿Puedes decir cuál pez de estas fotos es el pez sapo y cuál es el platelminto tóxico de mal sabor que está tratando de imitar?

Respuesta de mimetismo: el pez sapo está en la izquierda.

Diseña un pez

Los peces tienen diferentes formas y tamaños. Cada tipo de cuerpo les ayuda a sobrevivir en su hábitat de maneras diferentes.

Mira la gran variedad de formas de cuerpos de peces. Crea tu propio pez dibujando, pintando o esculpiendo.

Identifica las adaptaciones de tu pez y diseña su hábitat ideal.

¿Cómo se adapta la forma del cuerpo de tu pez a su hábitat?

¿Qué come y cómo obtiene sus alimentos?

¿Cómo se protege a sí mismo para no ser la presa de otro animal?

pez unicornio de aguijón azul

caballito de mar

pastinaca

lubina negra

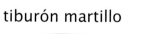
tiburón martillo

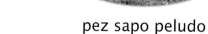
pez sapo peludo

pez cofre cornudo

marlín rayado

trucha común

Une al pez con su hábitat

Hábitat—lugar en el que vive un animal. Los hábitats tienen alimentos, agua, refugio y espacio para los animales.

Adaptación—lo que ayuda al animal a vivir en su hábitat. Las adaptaciones pueden ser partes del cuerpo de un animal, como sus cola, garras o escamas, o también puede ser lo que hace el animal, como nadar, cavar o cazar durante la noche.

Agua dulce—agua no salada que se encuentra en lagos, ríos, arroyos, pozos o pantanos.

Agua salada—agua de océanos y mares con sal.

Agua salobre—agua que es una mezcla entre salada y dulce, la cual se encuentra donde el agua dulce desemboca en el océano o mar.

Los peces tienen diferentes adaptaciones dependiendo del tipo de hábitat en el que viven. ¿Puedes unir los peces con los hábitats descritos en la siguiente página?

1
Los catanes tienen cámaras de aire que les ayudan a quedarse en un punto sin hundirse o flotar, además de ayudarles a respirar en aguas de oxígeno bajo. Prefieren el agua dulce, pero también pueden sobrevivir en aguas salobres.

2
El esturión beluga vive en agua dulce y fría durante parte de su vida, y en agua salada y fría en otras partes de su vida. Usan los bigotes que están cerca de su boca, llamados barbos, para encontrar alimentos.

3

El pez payaso necesita agua salada y cálida. Viven cerca de las anémonas para protegerse en contra de los depredadores.

4 Las anguilas eléctricas adultas no pueden ver, por lo que usan impulsos eléctricos para navegar en aguas oscuras y pantanos—algo similar a los murciélagos que usan la ecolocalización. Los impulsos también aturden a sus presas y luchan en contra de depredadores. Obtienen oxígeno del aire de la superficie en lugar de utilizar branquias.

5
El cíclido amarillo eléctrico vive en agua dulce y cálida. Comen insectos pequeños. Otros cíclidos que viven en el lago comen algas, plantas u otros peces

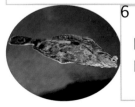

6
Los rodaballos viven en aguas saladas o salobres, ambas frías. Tienen la parte baja del cuerpo plana y se arrastran a lo largo de la arena.

A. Río Amazonas, América del Sur
- El agua dulce y pantanosa es oscura y dificulta la visión dentro de ella.
- El agua es baja en oxígeno, por lo que puede ser complicado respirar bajo el agua.

B. Océano Báltico, Europa
- Agua salada y fría con una variedad de hábitats, incluyendo piso marino arenoso.
- Varios ríos desembocan en el mar, por lo que el agua puede ser salobre (mezcla de agua salada y dulce).

C. Humedales de Everglades, Norteamérica
- Mayormente agua dulce y cálida, aunque cerca del océano puede ser salobre (mezcla de agua salada y dulce).
- Poco oxígeno en el agua lenta, por lo que los peces deben adaptarse a respirar de manera diferente.

D. Gran Barrera de Coral, Australia
- Un arrecife grande de agua salada en el océano Pacífico, hogar de corales y anémonas coloridos, además de muchas especies de peces.
- Depredadores como tiburones y barracudas viven acá, por lo que los peces de presa necesitan ocultarse, usar camuflaje o protegerse de otras formas.

E. Mar Caspio, Eurasia
- El mar frío es principalmente de agua dulce, en el que desembocan ríos como el Volga, pero se torna más salado mientras se aleja de los ríos.
- El mar tiene 3000 pies (1005 m) de profundidad, por lo que gran parte de su agua es oscura y se dificulta la visión.

F. Lago Nyasa/Lago Malawi, África
- Uno de los lagos de agua dulce más diversos del mundo, es el hogar de cientos de especies del mismo tipo de peces.
- Los peces se han adaptado para ser de colores diferentes y comen alimentos distintos para sobrevivir en el mismo hábitat.

Respuestas: 1C Catán-Everglades; 2E Esturión beluga-Mar Caspio; 3D Pez payaso-Gran Barrera de Coral; 4A Anguila eléctrica-Amazonas; 5F Cíclido amarillo eléctrico-Lago Nyasa/Lago Malawi; 6B Rodaballo-Mar Báltico

A mis padres, Tom y Wanda, por compartir la magia de los libros y de la naturaleza conmigo desde el principio; y gracias a Mary Gunther, antigua cuidadora e instructora actual en la Universidad Salisbury por verificar la información de este libro.
Todas las fotografías son licenciadas mediante Adobe Stock Photos o Shutterstock.

Library of Congress Cataloging-in-Publication Data

Names: Fargo, Marie, 1990- author. | De la Torre, Alejandra, translator
Title: Peces : un libro de comparaciones y contrastes / por Marie Fargo ; raducido por Alejandra de la Torre con Javier Camacho Miranda.
Other titles: Fishes. Spanish
Description: Mt. Pleasant, SC : Arbordale Publishing, [2023] | Includes bibliographical references.
Identifiers: LCCN 2022051356 (print) | LCCN 2022051357 (ebook) | ISBN 9781638172659 (paperback) | ISBN 9781638170044 | ISBN 9781638172833 (epub) | ISBN 9781638172772 (pdf)
Subjects: LCSH: Fishes--Juvenile literature.
Classification: LCC QL617.2 .F3718 2023 (print) | LCC QL617.2 (ebook) | DDC 597--dc23/eng/20220804

English title: **Fishes: A Compare and Contrast Book**
English paperback ISBN: 9781643519852
English ePub ISBN: 9781638170426
English PDF ebook ISBN: 9781638170235
Dual-language read-along available online at www.fathomreads.com

Spanish Lexile® Level: 760L

Bibliography

"Animals: Photo Ark: Alligator Gar". National Geographic, 2021, https://www.nationalgeographic.com/animals/fish/facts/alligator-gar. Accessed 4 Mar 2021.
"The Baltic Sea's Ecosystem". Skansen: The Baltic Sea Science Center, 2021, https://www.skansen.se/en/%C3%B6stersj%C3%B6ns-biotop. Accessed 2 Apr 2021.
"Environmental Change Drove Diversity in Lake Malawi Cichlids". Brown University, 2021, https://www.brown.edu/news/2016-10-03/malawi. Accessed 30 Mar 2021.
Jabr, Ferris. "How the Antarctic Icefish Lost Its Red Blood Cells but Survived Anyway". Scientific American Blog Network, 2021, https://blogs.scientificamerican.com/brainwaves/how-the-antarctic-icefish-lost-its-red-blood- cells-but-survived-anyway/. Accessed 4 Mar 2021.
Jenkins, A. "The Protective Mouthbrooding Fish". Blog.Padi.com, 2021, https://blog.padi.com/2014/07/30/creature-feature-the-protective-mouth-brooding-fish/. Accessed 15 January 2021.
Ustups, Didzis, and Dace Zilniece. Turbot Scophthalmus maximus in the Baltic Sea—What could we learn from the last two decades?. 2021, p. 3, https://www.flatfishsymposium.com/files/layout/Presentaties/powerpoints%20wednesday/presen tation-ustups-nov-15.pdf. Accessed 2 Apr 2021.

Elaborado en los EEUU
Este producto se ajusta al CPSIA 2008

Arbordale Publishing
Mt. Pleasant, SC 29464
www.ArbordalePublishing.com